Hypnose et la Pré-test Thérapie

Christophe Pank

«Tout est dans tout, il suffit d'aller vers l'essentiel.»

Sommaire

Introduction

L'hypnose urbaine peut **nourrir** l'hypnose thérapeutique et l'inverse est également possible. Dans ma pratique de **l'hypnosophie**, je **retire les frontières,** les styles, les normes pour me diriger vers ce que j'estime être le plus juste pour moi et mon partenaire.

Comme je suis dans une recherche et surtout dans une **remise en question permanente** de ce que je pratique, il m'arrive de passer beaucoup de temps à expérimenter mes techniques avec mes partenaires et les personnes que je croise.

Dans ces différentes expériences, il y a de nombreuses techniques ou postures que j'ai testées et appliquées pendant des mois, voire des années et que désormais j'estime pleinement obsolètes.

Je pense qu'un système qui se fige dans des techniques et des formes **est voué à disparaître.** Qu'importe son efficacité actuelle, la nature n'est que flexibilité et la rigidité est signe de mort.

Nous savons que ce que nous mettons en place est éphémère, ce qui a l'avantage de pouvoir **avouer facilement nos erreurs de directions, de pensées, de croyances.**

La **Pré-Test Thérapie (PTT)** est une approche que j'ai beaucoup mise en place dans le cadre de la rue, dans un premier temps grâce à l'influence de **la thérapie des parties.**

La PTT offre, pour moi, une façon de travailler de **manière plus légère** avec nos partenaires en permettant deux choses :

D'une part, **une prise de conscience** que le subconscient et le corps peuvent avoir des réponses que le conscient n'accepte pas. Par conséquent, cela offre au praticien une porte d'entrée pour un travail sur la prise de conscience de la problématique de fond.

D'autre part, **une preuve de sa transe**, de la capacité du subconscient et sa propre capacité pour vivre des séances en Hypnose. Cet aspect est vraiment intéressant avec des partenaires qui mettent en place de nombreux **mécanismes d'auto sabotage**, notamment avec le leitmotiv : 'Je n'étais pas en Hypnose, ça ne marche pas sur moi.'

Il y a aussi dans l'écriture de cet essai, une volonté de rappeler à mes contemporains de l'hypnose que **les techniques classiques,** c'est-à-dire celles qui furent utilisées à d'autres périodes, **peuvent vraiment être utiles en cabinet.**

L'hypnose n'est pas représentée pas une tendance et ce qu'il y a de merveilleux c'est qu'il existe une infinité de façons de la pratiquer.

Reprendre des outils qui sont utilisés dans la rue ou sur la scène dans le cabinet, n'est pas chose nouvelle, Dave Elman et John Kappa le pratiquaient déjà.

Pour ma part c'est un plaisir, **un partage que je souhaite faire avec vous,** afin de vous offrir quelques outils qui pourront compléter votre pratique, en développant à la fois votre créativité et vos qualités d'observation.

Chapitre 1 : Qu'est-ce que la Pré-test Thérapie (PTT) ?

La PTT est un **outil très simple** que vous connaissez peut être déjà, ou que vous avez peut-être utilisé sans l'appeler de cette façon.

C'est en l'enseignant à mes apprenants que je me suis aperçu que cette façon de faire permettait **de libérer leurs pratiques.**

Je me suis dis que c'était peut-être une bonne méthode à offrir, sachant que c'est très simple à comprendre et à mettre en place. La seule chose qui, peut-être, pourrait construire une résistance pour certains d'entre vous, est **l'obligation d'utiliser les pré-tests en cabinet.**

La PTT est un système utilisant le phénomène hypnotique des pré-tests afin d'offrir **une thérapie plutôt symbolique** à notre partenaire.

Aujourd'hui, de mon point de vue, il existe deux types de thérapies dans l'hypnosophie. Une qui est basée sur la **prise de conscience** et de façon plus étendue, le **recadrage.** Celle des croyances, des pensées, des fondements, des modèles.

Une autre plutôt basée sur **des outils symboliques.** Il va y avoir des libres associations dans l'esprit des partenaires qui offriront de **nouvelles ressources et ouvertures.**

Les deux ne s'utilisent pas de la même façon et n'offrent pas le même type de résultats. Nous allons donc plutôt offrir des symboles et des **travaux en projections** à nos partenaires afin qu'ils puissent, au-delà de la symbolique, observer et découvrir les options que leur offre le corps.

La PTT est un **outil physio-émotionnel.** C'est-à-dire que dans la plupart des processus que nous mettons en place dans l'hypnose, il ne touche qu'un **principe de transe passive.**

Ce que je nomme une transe passive est une transe pendant laquelle le partenaire est allongé, sans mouvement, travaillant en signaling ou avec quelques mots. Le praticien, lui, va travailler au travers **d'un monologue** métaphorique, ou d'un protocole.

A contrario, **les transes actives** ouvrent le partenaire à du **mouvement,** les yeux ouverts ou fermés mais dans une dynamique constante. Il peut rire, crier, taper, sauter... cela n'a pas d'importance.

Durant la PTT, les bras, les mains bougent, je préfère que le partenaire regarde, s'interroge, me fasse part de ses retours afin de **mieux l'orienter et de lui permettre de construire un rapport plus entier entre son corps - son subconscient - son conscient**.

La PTT utilise donc les Pré-tests comme étant **l'outil initial** permettant un ensemble de variations au travers des suggestions qui seront apportées par le praticien.

Ce n'est pas une méthode protocolaire, il y a simplement à comprendre les différentes facettes de la problématique de son partenaire, afin de reprendre les concepts clefs et de les symboliser. C'est là que va se jouer **la compétence créative** du praticien. Mais pas de panique, au départ vous pouvez vraiment être très basique dans vos suggestions et vos symboles. N'oubliez pas que la personne qui sait le mieux ce qui est bon pour elle, ce qui lui convient, **c'est le partenaire.**

Alors comment faire ? Et bien simplement **posez des questions**, et vous verrez qu'à deux vous obtiendrez de superbes réponses.

Pour résumer, la PTT est un outil qui utilise le corps et le subconscient dans une transe active afin de traiter, au travers **des symboles,** les problématiques du partenaire, en lui faisant prendre conscience des mouvements intérieurs.

Chapitre 2 : Qu'est-ce qu'un pré-test ?

Avant tout, nous devons garder un lexique commun. Chacun peut avoir sa définition du pré-test. Je vous propose ma perception de cet outil.

Le pré-test est un outil qui permet initialement plusieurs choses :

1- Observer l'**état de suggestibilité** de son partenaire à un instant T.

2- **Créer un rapport** avec son partenaire

3- Offrir une **découverte ludique** des suggestions

4- Créer une **catalepsie** de niveau 1 ou 2 sur l'échelle NGH

5- **Induire** une Transe

Le pré-test est mis en place au travers d'**une réponse physique** à une suggestion directe ou symbolique. Le partenaire est dans le **deal des 50-50**, et accepte d'observer les différents mouvements internes et externes

Pour moi les pré-tests sont **un véritable apport** pour tous les praticiens d'hypnose. En effet, si techniquement nous le décrivons, nous pouvons nous rendre compte que les pré-tests contiennent une grande partie des techniques de l'hypnose.

Prenons le cas du premier pré-test : **le Balancier**

1- Demander à son partenaire de **lever ses bras devant lui**

2- Lui demander **de tourner une main** vers le haut

3- Lui demander de **fermer les yeux**

4- Lui faire imaginer dans la main dont la paume est vers le haut **un poids lourd comme un dictionnaire**

5- Lui faire imaginer que son bras paume vers le bas est **attiré par des ballons vers le haut.**

6- **Nourrir vos suggestions** avec de la ratification et des suggestions de poids et de légèreté.

Voilà un process en apparence très simple. Cela ne semble pas tellement complexe et pourtant dans ce petit jeu, il y a énormément de points à prendre en compte.

Pour éviter de reprendre les intitulés, je vais utiliser les chiffres de 1 à 6.

Avant tout je vous indique sommairement les définitions que je donne à différents mots :

A/ **Hypnose** : Discipline qui utilise le principe de transe en validant les règles du sas d'administration

B/ **Transes :** Communication entre la conscient et le subconscient

C/ **Sas d'administration (Facteur Critique) :** concept qui se trouve symboliquement entre le conscient et le subconscient. Il permet de valider ou d'invalider les idées et suggestions qui nous sont proposées.

Reprenons les différents éléments qui constituent le pré-test. Dans le processus initial qui va **de 1 à 3,** nous sommes dans la **création d'un Yes Set**. Je vous rappelle que le Yes Set est un outil utilisé en conversationnel et en PNL

Il a pour fonction d'**orienter notre partenaire** dans une dynamique que l'on souhaite en l'occurrence en affirmatif (Yes Set) ou en négatif (No Set).

Il y a un principe de **pattern dans le Yes Set**. C'est-à-dire un schéma répétitif qui est admis comme acceptable par le sas d'administration. Le partenaire est donc dans une **démarche quasi automatisée.**

A ce moment là, il y a un principe tacite de **lead envers le partenaire** qui, pour sa part, est par définition dans un mouvement de suiveur.

De nombreuses personnes en hypnose et particulièrement en conversationnel, **cherchent à prendre le lead** comme une victoire sur l'autre.

De mon point de vue, nous ne pouvons travailler avec un partenaire de façon constructive qu'à partir du moment où **tout se joue comme une danse.**

Il y a des leaders et des suiveurs ponctuels dans un seul objectif, permettre d'avoir des résultats positifs. Les pré-tests font partie de cette danse.

Dans la phase 4-5, nous entrons dans le cœur de l'hypnose. Notre partenaire va tenir **une catalepsie** qu'il ne va pas conscientiser parce qu'il va être orienté vers son **imagination**.

C'est un basique **dissociatif**, qui nous permet de le faire focaliser à la fois sur notre voix en tant que praticien et sur ses capacités à imaginer. Mieux, cela nous donne des indications dans sa capacité de faire vivre **ses potentiels imaginaires**.

Nous construisons donc une **transe plutôt légère** pour la majeure partie des personnes qui vont faire ce jeu. En revanche, certaines personnes, ne serait-ce que dans ce petit jeu, vont développer des transes profondes et aller spontanément en **somnambulique**.

La réaction à la suggestion permet de laisser une **juste place à l'imagination**, une facette du subconscient, qui permet facilement de passer le **sas d'administration** (facteur critique).

A mesure que nous ratifions les mouvements idéo moteurs, nous offrons une possibilité d'**approfondissement**. Nous savons que, plus la personne perçoit et prend conscience de ce qui se passe comme automatiquement, plus elle se permet de plonger dans sa transe.

D'ailleurs il est souvent remarqué que c'est à ce moment-là que certaines personnes semblent le **plus étonnées** du phénomène dissociatif. Et c'est là que certains arrêtent.

Je le vois souvent en hypnose urbaine, il y a parfois une sorte de panique, parce qu'ils ne comprennent pas que ce sont eux, **au travers de leur subconscient,** qui se laissent aller à jouer. Ils pensent dès lors que c'est l'hypnotiste qui a un pouvoir sur eux.

Comme nous le savons, c'est seulement du fait que nous ne parlons pas seulement au conscient mais **également à cet interlocuteur moins voyant, le subconscient.**

La 6e étape est donc ce que classiquement nous nommons des suggestions. Elles peuvent être métaphoriques, je pense même qu'elles ne sont **presque toujours que métaphoriques**.

Quand on y pense, le simple fait de proposer l'image d'un livre lourd et de ballons est déjà une ouverture métaphorique.

Vous pouvez même aller vers **des associations ou des ancrages.** Ce petit exposé pour vous montrer qu'il y a de nombreuses facettes hypnotiques dans ce jeu.

Avec les pré-tests, nous avons donc la possibilité d'entraîner facilement nos partenaires dans des transes, **ces transes vont être ouvertes et exploitables.**

Nous allons pouvoir avoir des retours directs de l'ensemble des suggestions que nous proposons, dans un premier temps **avec le corps** et en complément, et ce n'est pas négligeable, avec **notre partenaire qui nous parlera** et prendra conscience de ce qu'il vit.

Chapitre 3 : Les croyances limitantes des pré-tests

J'ai très souvent entendu que **les pré-tests n'avaient pas leur place en cabinet.** J'ai eu également le même retour avec **les inductions instantanées.**

Pour de nombreux praticiens, tout ce qui est lié à l'hypnose classique ou à l'hypnose de scène est **considéré comme inadéquate à la thérapie.**

Ils estiment peu les pré-tests, parce qu'ils considèrent simplement que ce sont **des convincers,** des outils pour convaincre les partenaires.

Comme vous l'avez compris dans le chapitre précédent, on se rend vraiment compte que c'est un **vrai phénomène hypnotique** et pour aller encore plus loin, c'est un outil très fin d'un point de vue technique, même si cela peut paraître **très basique.**

Il est souvent considéré que claquer entre les doigts est **un manque de respect** pour le partenaire. J'ai entendu des praticiens qui assimilent cela à un spectacle et qui pensent que l'on met le patient en posture de chien.

C'est dommage de penser cela. Je ne peux que vous partager mon expérience. Je fais les pré-tests dans toutes mes séances, j'estime que c'est **un outil quasiment primaire** de notre discipline et de l'hypnosophie.

Je n'ai jamais eu la moindre remarque. Je claque entre mes doigts, je peux parfois même sembler un peu directif. Mais la prise de conscience de ce qui se passe, le partage de l'instant et surtout l'idée que **le pré-test appartient au partenaire et pas au praticien** est très intéressante.

Penser que ça semble être de l'hypnose de scène est donc accepter le fait que **le praticien n'ait pas correctement mis le cadre du cabinet.**

Si un snap (claquement de doigts) peut faire croire à une domination en scène, il devient un simple outil de rythme et de saturation dans le cadre de la session.

Si vous n'avez jamais fait faire de pré-tests, **soyez détendu**, c'est simplement un jeu. Au pire il ne se passe rien, d'un point de vue physiologique.

Toutefois, comme nous l'avons vu dans le chapitre précédent, **il y a une mise en transe**. Cette mise en transe est réelle, même si nous n'avons pas de feed backs physiologiques, il y a une notion de **transe psychique.**

Alors pour les sceptiques, gardez le scepticisme et ne croyez pas du tout mes mots et mes propositions, je vous conseille simplement de tester.

Vous pouvez le faire avec les autres, mais avant peut-être vous faudra-t-il le faire sur vous et la pré-test thérapie à cet avantage de pouvoir s'appliquer **en auto hypnose.**

Chapitre 4 : L'importance de la flexibilité

Il y a toujours dans l'hypnose de nombreuses logiques qui peuvent nous laisser croire qu'il est **plus important de suivre des protocoles.**

Déjà la plupart de nos écoles nous l'enseignent. C'est normal, c'est pratique, nous offrons des **outils qui ont fait leurs preuves.**

Pour les personnes qui débutent c'est d'autant plus important qu'elles peuvent ressortir avec **des outils concrets par rapport à des cas spécifiques.**

Cela diminue le stress des nouveaux praticiens. Pour ma part, **je ne suis pas du tout pour les protocoles.** Ce n'est pas mieux, c'est juste une interprétation différente du fonctionnement de la transe.

Je pars du postulat que sur une même problématique, un partenaire ne va pas avoir la même histoire de vie. Chacun a vécu sont passé comme une conséquence de ses choix, de ses réactions à des chemins de vie.

Même si deux personnes ont commencé à fumer, chacun peut avoir commencé pour des **raisons différentes.**

Par exemple une personne par mimétisme à ses parents et l'autre pour se faire intégrer dans un groupe.

Un protocole, même un peu adaptable, ne sera pas vraiment adapté à sa vie. Alors oui, des protocoles clefs peuvent parfaitement parler et s'adapter, mais on pourra également passer à côté de la problématique.

Comment ne pas passer à côté ? Simplement **en prenant soin du cas unique de chaque personne.**

Si vous avez l'habitude de faire des protocoles, ce n'est pas un problème. Gardez vos protocoles et offrez-vous parfois la possibilité de transgresser, d'adapter, de modifier. **Ecoutez-vous et surtout écoutez votre partenaire.**

Je vais vous proposer **des formes,** mais les exemples que je vais offrir dans ce livre sont des idées, des orientations.

Celles que j'indique ici **ne sont pas à suivre mot à mot,** au contraire, comprenez le concept et adaptez-le à votre personnalité, puis à votre partenaire.

Pensez donc, pour mettre en pratique la pré-test thérapie, à être **le plus flexible possible.** Comment pouvez-vous le faire ?

Simplement en ne vous centrant pas sur ce que vous faites mais sur les mots et les réactions de votre partenaire.

Ne pensez pas à l'avance à ce qui va se passer, **ne prévoyez pas** ce que vous allez faire. Pour quelle raison ? Simplement parce que nous ne savons pas à l'avance comment notre partenaire va réagir à tout cela. Si vous avez une attente de résultat, **vous ne vous centrez que sur la technique mais pas sur ce que votre partenaire ressent.**

La flexibilité est possible à partir du moment où **vous accueillez les réactions** du partenaire, quand vous ne savez plus quoi dire, demandez-lui ce qu'il vit, ce qu'il ressent, c'est lui qui sait ce qu'il vit dans sa transe pas nous.

La flexibilité est dans l'instant présent, pas avant et surtout pas après avec des projections d'attente, des réactions pré établies. Personne ne sait à l'avance, **personne ne vivra vos suggestions de la même façon.**

La pré-test thérapie a cet avantage, nous prenons conscience que des suggestions que nous pensions avoir été particulièrement bien construites, comme par exemple des métaphores imbriquées, le feed back physiologique ou vocal peut nous donner une indication d'inefficacité.

C'est un outil qui nous rend **très humble** quand à **ce que nous pensons de ce qui est bon et de ce que nous pensions ne pas l'être.**

La réaction de notre partenaire et ses retours nous enseignent que lui et lui seul est unique dans sa capacité à recevoir ce que nous proposons.

Restez donc attentif, restez juste connecté, restez ouvert. Vous allez pouvoir faire des choses extraordinaires, grâce aux liens que vous avez mis en place, et cette écoute que vous aurez avec votre partenaire.

Chapitre 5 : La PTT pendant une séance

Comment allons-nous faire une séance avec les Pré-tests ? Pour commencer il y a une facette nécessaire par laquelle tout le monde doit passer: **Le questionnement**. Il est certain que vous avez pu l'étudier dans vos écoles et dans vos formations.

Certains le nomment **anamnèse,** c'est le moment fort des séances. Il faut bien comprendre **les points clefs** de la problématique, qui très souvent nous entraînent dans d'autres problèmes. Il est nécessaire de bien définir **ce qui va être traité** pendant la séance.

Il va être **déterminant** de bien comprendre comment vous pourriez rendre **'palpables'** les concepts qui vous sont énoncés. Tous les mots seront représentés par des sensations et des perceptions.

C'est sur le papier un concept qui peut sembler un peu compliqué mais qui en réalité est **assez spontané.**

Gardez en tête l'idée, que j'aime particulièrement en hypnose Elmanienne, **"faites comme si vous aviez 5 ans".**

Et là, je parle de vous, les praticiens. Soyez dans l'optique de donner vie à des maux, des émotions, des personnes, des éléments du passé ou du futur.

Pendant le questionnement prenez vraiment une attention particulière **aux émotions.** Je reviens sur une définition de mon système. Le subconscient regroupe l'ensemble des émotions, des souvenirs à long terme, des patterns récurrents, les valeurs et les croyances.

Quand nous touchons une émotion, nous offrons la possibilité à notre partenaire de toucher ses souvenirs, ses patterns et ses valeurs.

Ce qui va nous donner des points à utiliser en séance.

Admettons que mon partenaire éveille une émotion de tristesse quant à une attitude de timidité. Je l'interroge dessus et il y a de fortes chances qu'il y ait, dans un premier temps, des réponses vagues ou sans intérêt. Cette émotion l'a d'abord ramené vers des souvenirs qu'il a déjà définis et acceptés **comme un fait.**

En continuant à l'interroger sur les autres souvenirs ou habitudes que lui amènent cette connexion à son émotion, il y a de fortes chances qu'il donne des points plus précis.

Je reprends un exemple concret. Mon partenaire souffrait d'une très grande problématique liée à sa timidité. Il m'expliquait la castration qu'il avait pu ressentir avec sa mère quand il était enfant. Après avoir tourné quelques minutes sur le sujet, je lui demande si à un moment cette tristesse n'a pas été décuplée, comme si un élément l'avait stimulée.

A cet instant là, il est rentré dans **une régression spontanée**. Il m'a expliqué que la seule personne avec laquelle il se permettait de faire des blagues, d'être naturel était sa tante. Pourtant un jour, suite à une blague, elle lui a sorti une phrase du genre 'déjà que tu n'es pas beau, mais ta voix est insupportable, ça casse l'effet de tes blagues'...

Vous imaginez bien que de la notion de tristesse et de castration, nous sommes rapidement passés à une forme d'humiliation. Celle d'être lui et d'être accepté comme il est. Sa tante ayant été le déclencheur de ses premières crises de timidité excessive.

Dans ce cas, nous avons des points très concrets : La timidité, la tante, l'humiliation, les blagues, la voix.

C'est déjà **un ensemble intéressant** pour commencer une PTT. Notez que vous devez prendre le temps nécessaire pour obtenir les bonnes réponses.

En effet, si nous étions restés simplement sur la castration nous n'aurions pas nécessairement travaillé sur le bon problème vis-à-vis de la problématique présentée.

Première étape :

Interroger le subconscient sur la perception du lien entre le partenaire et sa tante. Pour ce faire il suffit de :

- Dans l'une des deux mains, représentez le partenaire, dans l'autre la tante
- Mettez les mains assez proches mais sans contact
- Demandez simplement au subconscient de dire s'il se sent proche ou éloigné de sa tante.

Dans le cas qui nous concerne, le partenaire me disait dans un premier temps que, certes cette histoire ne lui avait pas fait plaisir, mais que cette femme était un peu **son îlot de paix** dans le contexte familial. Cependant dès le premier test, ses mains se sont séparées pour créer une très grande distance.

Cela a été tellement frappant que le partenaire a souhaité recommencer. C'est un des éléments que je trouve intéressant en PTT, le fait que très souvent **le corps ne réponde pas comme nous le souhaiterions.** Et l'impact que cela créé est vraiment important pour le partenaire qui '**prend conscience'** de ce qu'il ressent vraiment.

Pendant votre séance **ne laissez pas** les bras constamment levés. Faites les se reposer régulièrement pour ne pas tendre inutilement votre partenaire. Posez des questions sur le retour d'expérience, les sensations, les perceptions et dans ce cas là, sur la prise de conscience.

Cela est un moyen **d'approfondir** encore davantage la transe. Une fois que vous avez validé, interrogé le partenaire sur les différents points, vous passez à d'autres exercices.

Dans ce cas, j'ai proposé **une dissociation affective**, simplement en collant les deux mains, lui d'un côté et sa tante de l'autre, et en lui proposant de décider de prendre une distance avec cette partie de lui.

Nous sommes dans de nombreuses projections que nous gardons dans notre quotidien.

Des images de nos parents, amis, connaissances, qui sont celles qui, soit nous ont plu à un moment donné de notre vie, soit au contraire qui ont pu nous blesser, nous déplaire.

Ce qui fait parfois la complexité de la psyché, c'est que nous restons sur des images, des projections d'un instant T, et nous répétons sans cesse cette perception en nous. Cela devient pesant, parce que nous ne sommes pas capables de réaliser que les êtres concernés ne sont plus les mêmes, et que la seule personne "bourreau", **c'est nous même avec nos projections.**

Une fois cette distance mise en place, le partenaire s'est senti comme soulagé. Nous avons continué sur la timidité et sa voix. En mettant les mains paumes vers les haut, je lui ai proposé de mettre tout le poids de cette timidité d'un coté et celle de cette voix de l'autre. Rapidement, les bras lui parurent très lourds et il a eu de grosses tensions.

Dans ce cas j'exploite ce retour physiologique, en le faisant cumuler ce poids et le faisant devenir comme une barre de fer, très solide et impliable. On retrouve cette technique en hypnose urbaine et en hypnose de scène.

Ce qui est extraordinaire c'est que ses deux bras étaient tellement tendus et impliables par son conscient, que **la symbolique** de lâcher le poids et les tensions a été libérateur.

En effet, dans un premier temps je lui ai permis de **relâcher d'un coup** toutes ses problématiques avec sa voix.

Le fait de sentir sont bras tout mou et léger, lui a fait dire 'je m'en fou qu'on n'aime pas ma voix, je suis drôle'. Comme si dans l'instant ses tensions, symbolisant des blocages, s'étaient envolées. De même pour l'autre bras et la timidité, j'en ai profité pour l'interroger et lui faire des **suggestions**. Je lui demandais si vraiment il voulait lâcher cette peur, s'il était prêt à faire plier (le bras étant impliable) ses croyances. A mesure qu'il me donnait toute sa motivation, en somme qu'il s'auto suggérait, je lui proposais une orientation, pour que la confiance se développe et qu'une fois que la motivation aura rempli son être, et qu'il estimera que maintenant la timidité n'a plus de place, son bras deviendra comme un spaghetti.

En quelques minutes se fut chose faite. Le partenaire a fini la séance, plutôt fatigué, en raison des tensions physiques qu'il a mises en place pendant la PTT.

Prenez vraiment en compte votre partenaire, en séance vous avez de nombreuses possibilités avec les pré-tests.

- Poids Lourd/ Léger
- Les aimants
- La boule d'énergie dans la main
- Mains collées qui se séparent
- Mains collées inséparables
- Bras impliable
- Bras insoulevable
- Connexion avec les parties de soi (physiques, psychiques, émotionnelles)

Vous n'avez pas de limite, prenez soin de bien écouter votre partenaire et ses réactions. Vous serez surpris de ce qui ne peut paraître qu'un jeu, peut offrir comme apaisement à vos partenaires.

Chapitre 6 : Le Pré-test comme Tests

Dans le précédent chapitre je l'ai un peu abordé. Nous pouvons très facilement utiliser la PTT comme **un signaling**. Je vous rappelle ce qu'est un signaling d'ordinaire : c'est un geste idéo moteur que nous avons posé pour avoir une réponse binaire en oui et non.

En PTT, c'est un excellent moyen pour faire des **vérifications d'objectifs** et pour valider ou invalider des informations. Comme je l'ai déjà partagé, je pense que nous sommes les rois du mensonge. **Nous ne cessons de nous mentir**. Le pire c'est que très souvent nous ne nous en rendons pas compte.

Pour faire ces vérifications :

- Faites tendre les bras devant
- Donnez un oui à gauche et non à droite par exemple
- Proposez la suggestion au subconscient de savoir monter le bras 'réponse'

C'est un moment vraiment amusant à partager avec le partenaire qui très souvent semble persuadé de la réponse avant le début du jeu.

Et qui peut être vraiment très **surpris.**

Durant une formation, une apprenante travaillait pour arrêter la cigarette. C'est un grand classique que nous pouvons facilement utiliser avec la PTT. Elle souhaitait arrêter sous deux mois, et expliquait qu'elle était certaine que cela se ferait facilement.

Quand nous avons simplement **demandé au subconscient**, la réponse a été complètement différente. Le plus intéressant c'est que dans ce questionnement, nous pouvons demander plus de détails.

En l'occurrence, quand serait la période la plus adéquate pour arrêter le tabac.

Dans cet exemple, j'ai utilisé un seul bras, avec la suggestion de monter quand je donnerai le mois qui correspondait à l'arrêt.

Je vous conseille de vraiment **faire confiance à votre partenaire**.

Il arrive que nous ayons l'impression que rien ne se passe mais que notre partenaire nous fasse part de son ressenti qui pour lui est très clair.

Nous savons par expérience qu'il y a **une distorsion des perceptions** quand nous sommes en transe. Nous le constatons souvent quand nous proposons des pré-tests et que nos partenaires, qui ont les yeux fermés, sont persuadés que leurs bras ont à peine bougé, mais en réalité l'écart est très grand, et inversement.

Vous pouvez aussi **tester le temps**. Par exemple le temps d'intégration de la séance, ou le délai afin d'obtenir des retours. Notre subconscient nous proposera sa perception des choses qui, très souvent, est proche de la réalité. De mon point de vue, le subconscient ne sait pas tout mais il a une capacité d'analyse et de perception que nous n'imaginons pas.

Pour ce faire, faites coller les mains et suggérez que les mains se décollent pour donner la perception du temps. Plus l'écart sera grand, plus le temps sera important.

Vous pouvez tester sur **absolument tout** ce que vous souhaitez en séance.

Chapitre 7 : La PTT en Auto Hypnose

Pour faire beaucoup d'auto hypnose et pour l'imposer dans le **cursus des praticiens** comme étant la base du travail personnel, je trouve que la PTT est un excellent moyen pour donner des résultats **avec simplicité.**

Comme en séance, il est une première étape dont nous ne pouvons nous passer : **Le questionnement.** Nous avons dans un premier temps, dans l'auto hypnose, l'habitude de faire des travaux en **suggestions directes**. Seulement dans la thérapie des pré-tests nous allons orienter le mieux possible nos sessions.

Cette étape reste cependant très simple, il faut seulement dans un premier temps :

- Définir correctement son **objectif**
- Définir les **questions** et les réponses que nous souhaitons obtenir
- Définir les **axes de progression** de sa séance

Nous pouvons dans un premier temps nous offrir une **induction simple**, en apprenant petit à petit à faire une **lévitation de la main** ou des mains collées.

Il est vrai que, peut être pour certains d'entre vous, cela peut sembler un peu complexe. **Prenez votre temps** dans l'apprentissage de cette méthode.

Lors d'une séance en cabinet, l'utilisation des pré-tests peut être ancrée et donc être possiblement réutilisable à volonté dans des séances personnelles de nos partenaires.

Une fois que vous avez vécu vos premières transes avec la PTT, vous pouvez dans un premier temps reprendre un classique de l'hypnose, **une thérapie des parties.**

Cela peut être passionnant lorsque vous avez des parties de vous qui sont en 'opposition'.

En effet vous pouvez, en fonction de votre problématique, prendre quelques éléments intéressants :

- Dans une main la partie 'malade'
- Dans l'autre main la partie 'ressource'
- Vérifiez si elles se repoussent ou si elles s'attirent
- Si elles se repoussent, observez quelle main s'écarte le plus, ceci vous donnera des informations pour savoir si la ressource est celle qui correspond, où s'il y a une fuite sur la maladie
- Si elles s'attirent, observez si c'est la ressource qui vient vers la problématique ou inversement

L'important est de **prendre de l'information** dans un premier temps. Cela vous étonnera sûrement sur les réponses que vous propose votre être.

Puis vous pourrez voir quelles suggestions vous allez mettre en place, quels **'outils' imaginaires** vous allez pouvoir proposer à votre subconscient et, dans ces cas là, à votre inconscient (rapport physiologique).

De mon point de vue, vous allez passer les premières minutes de votre auto hypnose à faire des **vérifications,** que ce soit pour savoir ce qui vous pèse le plus, pour vérifier les suggestions, pour observer s'il y a des chemins plus effectifs que d'autres.

L'intérêt de la PTT, en auto hypnose, reste de voir **le temps de progression de l'intégration des changements ou des suggestions.**

Vous observerez que très souvent, le temps pendant lequel les mains se connectent ou se déconnectent peut durer très longtemps. D'ailleurs les douleurs que cette opération offre, ont l'intérêt de prouver **une résistance.** Celle du changement, celle des bénéfices secondaires.

Si nous pouvons voir dans la PTT une différence avec ce que nous vivons en transe pendant nos travaux personnels, c'est qu'elle est **plus en conscience.**

Nous ne laissons pas une suggestion se balader dans notre subconscient sans savoir si elle offre un réel retour sur notre être. En effet, à part être dans l'attente des changements potentiels de la suggestion, pendant nos transes auto hypnotiques, nous ne savons pas si réellement cela nous impacte.

En PTT, ce rapport avec notre corps et avec ses informations, comme les douleurs, les sensations (lourde, légère, chaude, froide..) sont **des indications** qui ont un sens. Ces éléments pourront nous faire prendre conscience de blocages, de croyances limitantes, de freins.

A partir de cette constatation, vous allez petit à petit vous rendre compte que la dimension de votre travail personnel sera complètement différente. Il y a un pré-test que j'aime utiliser que je nomme le '**timer**'.

Quand nous arrivons à valider les suggestions qui vont correspondre à la problématique, concernant les parties de nous qui appellent **des 'corrections'**, il est intéressant de nous rendre compte que de répéter des suggestions directes, une dizaine de fois n'a pas nécessairement l'impact que nous attendons dans notre subconscient.

Le timer est une suggestion que j'utilise **en ouvrant ma main**. Elle représente le temps qu'il me faut pour intégrer l'ensemble des directions que nous avons validées.

Quand la main est complètement fermée, cela signifie que pour cette session, le travail a été fait.

C'est un moyen passionnant pour se rendre compte que nous avons parfois besoin de beaucoup de temps et parfois de beaucoup de sessions.

En effet, si vous le faites à chaque session, pour un même thème, vous observerez que le timer ira de **plus en plus vite.**

De mon point de vue, il est rare que dans le travail en auto hypnose, **une seule session soit effective.** C'est pour cette raison que je propose de répéter à minima les mêmes thèmes pendant 21 jours.

A chaque session, il est important de poser à son subconscient et aux pré-tests les questions.

Vous pouvez par exemple voir **le chemin à parcourir** avant l'intégration complète.

Pour ce faire, faites simple, proposez vous la suggestion suivante par le test des mains collées : 'Quel est le chemin à parcourir avant la résolution / l'intégration de ce problème ?'

Vous vous rendrez vite compte, si vous le faites quotidiennement, que ça n'avance pas forcément comme vous le souhaitez, les mains peuvent rester à distance un long moment, et chose amusante, parfois quand nous sommes dans une vérification de ce délai d'intégration, alors que pendant la session précédente nous étions très proche du 'but', les mains se repoussent et se retrouvent là où elles étaient quelques jours ou quelques semaine avant.

C'est une information intéressante, et il est important que **vous vous interrogiez sur les suggestions que vous vous proposez.** Vous pouvez vous centrer sur vos émotions. Ces dernières vous apporteront des points clefs sur votre cheminement.

Les trois pré-tests que vous pouvez utiliser :
- Mains collés
- Balancier
- Timer

Vous pouvez utiliser un classique de l'hypnose avec la lévitation de la main vers soi. Vous pouvez y mettre les ressources et/ou les suggestions que vous avez **besoin d'intégrer** en vous.

Vous proposez à votre subconscient une suggestion du type, 'je laisse s'intégrer en moi l'ensemble de mes ressources nécessaires pour..., cela sera fait au moment du contact avec mon corps'.

Vous laissez donc votre main, dans laquelle vous avez mis l'ensemble des éléments, entrer en contact avec une partie de votre corps.

Cela ressemblera à des éléments que vous connaissez en auto hypnose classique. Vous nourrissez vos suggestions.

Pensez bien, pendant vos pré-tests, vous devez en permanence continuer intérieurement ou même à voix haute à orienter vos suggestions. Les mouvements et les informations vous permettent en réalité de **corriger, d'orienter et de vérifier le travail intérieur.**

Pensez bien, plus vous aurez clairement défini vos objectifs par session et plus les pré-tests pourront vous aider vers ce qui peut être le plus juste pour vous.

Parfois, en revanche, cela pourra être un peu frustrant. En effet, les illusions que nous nous faisons sur la qualité de nos orientations, peuvent être contredites avec la PTT.

Chapitre 7 : La PTT pour le Tabac

Cette méthode que je vous propose est liée à ce que je nomme de **l'hypnose symptomatique.** Nous pouvons également l'utiliser comme hypnosophie, même si la plupart du temps le partenaire n'est pas dans cette dynamique quand il vient pour un arrêt du tabac.

Comme je vous l'ai proposé dans un chapitre précédent vous pouvez facilement utiliser la PTT, afin de savoir ce que le subconscient attend réellement. Je vous rappelle :

- Faire tendre une des mains devant le partenaire
- Suggérez que lorsque le délai du changement est bon la main se lève
- Commencer à décompter en jour : 1- 10 - 30 ou en mois, etc...

C'est une étape que vous ferez une fois que votre partenaire aura déjà expérimenté des pré-tests en début de session. Prenez également le temps de **lui expliquer** que c'est son subconscient qui va l'aider à l'arrêt du tabac et donc qu'il faut le respecter.

Vous allez pouvoir utiliser les pré-tests après votre **phase de questionnement**, vérifier les **points ressources** que votre partenaire met en avant.

- Interrogez sur les motivations
- Interrogez sur les compensations qu'il va mettre en place
- Interrogez sur les ressources que le partenaire s'offre pour réussir

Prenez aussi un moment pour savoir ce que représente le tabac pour le partenaire.

- Interrogez sur les moments où il fume
- Interrogez sur les bénéfices de la cigarette (social, stress, ancrage de fête...)

Vous aurez ainsi un ensemble d'éléments que vous allez facilement pouvoir utiliser durant votre séance.

Vous allez pouvoir vérifier toutes les croyances et surtout **les faire conscientiser** par le partenaire.

Pour vous donner une idée, une partenaire avait le discours classique, que nous entendons continuellement, sur la capacité de la cigarette à la déstresser.

Je lui ai fait mettre une seule cigarette dans la main paume vers le haut. Je lui ai demandé de fermer ses yeux et j'ai proposé la suggestion suivante :

- Concentre-toi sur la sensation de détente que tu as quand tu commences à allumer ta cigarette.
- Si ton corps et ton subconscient s'apaisent et prennent plaisir à ce souvenir et cette sensation, ton bras va s'alléger de plus en plus
- Dans le cas contraire ton bras va devenir de plus en plus raide et lourd

Plus rapidement que je ne l'avais imaginé, le bras de la partenaire a commencé à descendre et à se tendre. A ce moment-là, elle a son conscient qui m'a donné la réflexion suivante : 'Je vous assure que ça me déstresse'...

Ce sont des prises de conscience qui vont avoir **un impact important** dans la dynamique de travail qui va être mise en place. Vous pouvez ensuite tester sa motivation. C'est un élément important qui très souvent va vous permettre de savoir **si vous continuez ou pas la séance**.

En effet, il n'y a aucun intérêt de faire une session à une personne qui n'est vraiment pas motivée à changer et mettre en place un sevrage tabacologique.

En l'interrogeant sur la motivation, vous allez voir ce que le subconscient va offrir comme information. Vous pouvez le **faire en balancier**. Vous allez apprendre dès lors sa **véritable motivation**, sa capacité à arrêter maintenant ou pas. Quand les réponses se tournent vers la négative vous allez pouvoir facilement orienter sur un questionnement de contexte ou de systémie.

En effet, je me souviens d'une femme qui est venue me voir sur ce sujet et qui m'a dit qu'elle était extrêmement motivée pour stopper le tabac. Après quelques questions et quelques pré-tests, elle me dit être motivée mais que chez elle tout le monde fume. Quand je lui demande ce que cela représente comme difficulté, elle me dit que c'est difficile, il y a partout des paquets et l'odeur de cigarette. Son subconscient et son conscient offraient de vrais blocages pour un arrêt. En lui expliquant que je ne pourrais rien faire et en l'orientant vers d'autres personnes, elle me demande quand même de faire la séance.

Quant au moment de l'intégration de l'arrêt, je fais un pré-test pour faire pénétrer sa motivation et sa capacité de cesser dès à présent, la main face à sa poitrine a commencé à être **repoussée plutôt qu'attirée.**

Avec quelques questions en plus, elle me dit qu'elle pense que ça va être difficile, parce qu'une heure après la session elle va partir à une grosse soirée pendant laquelle tout le monde fumera...

Conclusion, les pré-tests ont **validé l'absence de motivation** et une grande capacité d'**auto sabotage.**

Quand vous avez **suffisamment** d'informations vous pouvez faire des comparaisons entre les motivations et les bénéfices de garder la cigarette.

Les bénéfices classiques étant, détente, moment convivial, sociabilisation.

- Faites un balancier
- Dans une main les motivations et plus particulièrement celles qui ont été proposées pendant votre questionnement (santé, argent, dépendance...)
- Dans l'autre main les bénéfices.
- Proposez une suggestion du type : 'L'une des deux mains va devenir de plus en plus légère, cette main représentera l'envie la plus forte.'

Il y a de nombreuses fois où les arguments de motivation prononcés ne sont pas assez 'forts' face aux bénéfices de la dépendance. Vous avez dès lors une **superbe opportunité** pour creuser davantage sur le sujet. Vous passerez plus vers un **modèle thérapeutique** que vers un modèle de patch.

Dans les séquences qui suivent, je vous conseille de rester **très inventif**. Voici quelques exemples que vous pouvez utiliser, mais je vous conseille de faire ce qui vous semble le **mieux pour votre partenaire.**

- **Motivation Argent** : Mettre une cigarette dans la main et la faire peser de plus en plus lourd en faisant imaginer le poids que représente en argent, une cigarette. Puis faites en sorte que ce poids soit vraiment représentatif de tout ce qu'il a dépensé. Une fois qu'il est vraiment connecté à cette motivation, vous allez petit à petit faire tourner sa main pour qu'il lâche cette cigarette et tout ce qu'elle représente comme contraintes.

Parfois la main ne se retournera pas, cela signifie que ce n'est pas **la motivation clef** et plus précisément la suggestion qui sera le moteur du changement. Quand la cigarette est lâchée, faites-le se connecter à sa **libération** et ancrez lui cette sensation, perception et motivation.

- **Motivation Liberté** : Faites lui tenir la cigarette dans la main avec laquelle il 'la fume' habituellement et dans l'autre le briquet. Faites lui répéter le pattern de s'allumer une cigarette et de l'amener à la bouche. Puis mettez la suggestion de contraintes, de chaînes entre lui et sa cigarette, puis sa cigarette avec le briquet. Faites lui imaginer des menottes autour des poignets.

Proposez que les deux mains se séparent et vous lui rappelez qu'il est **enchaîné.** Vous allez voir que ça va bloquer, et demandez lui de forcer sur ses chaînes, mais que plus il force et plus elles sont solides. Ce blocage va symboliser tout ce que la cigarette lui empêche de faire, donc reprenez ce qui a été dit et exprimé.

Demandez-lui s'il veut vraiment se libérer et, lorsque vous le voyez vraiment pleinement dans cette motivation, faites-lui imaginer qu'on lui coupe le lien. Puis faites-lui tester ce qu'il ressent quand il monte sa cigarette à la bouche et qu'il l'allume.

Vous allez vraiment pouvoir trouver différents chemins en fonction de chacun, de leur vie et histoires.

Chapitre 9 : La PTT pour mettre de la distance et faire le deuil

Dans notre quotidien en cabinet nous avons de nombreuses problématiques liées à des **blessures du passé**. Ces dernières étant des patterns récurrents dans la vie de nos partenaires elles sont difficiles à supporter.

Grâce à la PTT nous allons leur permettre de **faire un deuil** ou de mettre en place une distance entre eux et ces événements, ces personnes.

Comme j'ai pu vous le montrer dans le chapitre précédent avec la cigarette, il est très facile de **donner un symbole aux liens.** Dans le cas qui va nous concerner, je vais vous donner des clefs que j'ai fréquemment utilisées en session.

Vous allez devoir définir dans un premier temps si c'est une **problématique liée à une situation ou à une personne.** En effet, si c'est sur une situation, vous allez quand même y déterminer des personnes. Prenons par exemple un accident de voiture, même si le traumatisme passe par l'accident, le conducteur de la voiture est potentiellement '**l'auteur' du processus.**

Dans les cas classiques de la famille, du travail, des situations conflictuelles, de deuil, de relation ou de la mort, les protagonistes sont facilement identifiables. Souvenez-vous que souvent ce n'est pas **la personne qui semble avoir le plus de griefs** qui est la personne qui est l'auteur de plus de traumatismes.

En effet vous allez souvent avoir en session des personnes qui, en parlant de leur passé, expliqueront que les maux ont été faits par leur père ou leur mère.

Et fréquemment, vous remarquerez que si l'un est 'méchant' l'autre est 'gentil'. La critique va se diriger vers le "mauvais" de l'histoire et l'ensemble des problématiques vont lui être mises sur les épaules.

Seulement, il est fréquent que **ça ne soit pas ce qui semble le plus visible dans la blessure qui est le poison le plus puissant.**

Vous remarquerez certainement un déni quasi systématique si vous posez des questions sur la personne encensée. Plus intéressant, il y a souvent des excuses qui peuvent être trouvées et le fautif ou l'initiateur du mal sera toujours le même.

Avec la PTT vous allez pouvoir **jauger**, et surtout laissez s'exprimer, ce que le subconscient garde depuis très longtemps.

Toutes les trahisons, les humiliations, les mensonges et autres manipulations qui ont fait que le partenaire voit consciemment 'le méchant' comme l'unique responsable de ses blessures, alors que le 'bon' profite de la situation.

Attention à ces phases là, elles sont parfois **extrêmement violentes.** En effet, quand par exemple on pense que toute sa vie a été 'foutu en l'air' par le père et que le corps et l'inconscient accuse aussi la mère, la prise de conscience est parfois difficile à vivre. Vous y verrez de vives résistances de certaines personnes qui vont complètement se fermer à la session en PTT. Il vous faudra donc enchaîner sur autre chose.

Prenons un cas concret, avec un de mes partenaires qui me disait ne pas être capable d'avancer dans sa vie en tant qu'homme. Il m'expliquait que son père était **le pire des hommes** et qu'il avait été traumatisé par sa façon de se comporter avec les femmes, avec sa mère plus particulièrement.

Après un questionnement, j'ai commencé ma PTT de façon très simple, **ne prenant pas en considération sa rationalisation** du père, j'ai commencé comme suit :

- Deux mains face à face, le père d'un côté, lui de l'autre. Les yeux fermés et la suggestion de type : 'Laisse ton inconscient montrer si tu étais plus ou moins proche de ton père dans ta partie la plus profonde'.

Quelques instants plus tard, ses mains commencèrent à **se rapprocher**... jusqu'à se frôler. Pas de contact plein mais une notion divergente vis-à-vis de la conscience. En faisant prendre conscience de cela, je pose des questions et il revient sur des notions de plaisir et de bons moments avec son père. Des moments père-fils.

- Je fais la même chose avec la mère cette fois. D'un coté sa mère et de l'autre lui. Avec le même type de suggestion.
- Les mains se sont collées. De ce moment-là, je lui ai demandé de bien se mettre dans le rapport qu'il a avec sa mère.

  Suggestion suivante alors que ses mains sont collées, par rapport à sa problématique : 'Est-ce que tu es libre de vivre la vie que tu souhaites avec ce rapport avec ta mère, si oui tes mains **se décolleront complètement** pour laisser place à la liberté, sinon elles se décolleront légèrement pour montrer le lien qui t'empêche de vivre.'

Il n'a **pas été capable** de décoller ses mains, et quand je lui demandais de vraiment 'se décoller' de cette relation, il a été pris d'un excès émotionnel avec une prise de conscience du fait que sa mère l'a surprotégé, critiqué et orienté dans ce

Qu'il ne voulait pas faire, ce qui fait qu'il s'est perdu dans une forte procrastination.

Comme toujours, vous **restez dans le dialogue et l'échange** avec votre partenaire, il est important qu'il puisse prendre conscience, émettre ses doutes, ses peurs, ses réflexions, ses images spontanées que lui donnent vos suggestions par exemple.

De cette prise de conscience, j'ai fait des vérifications du poids des **'émotions refoulées'** et limitantes qu'il gardait en lui et surtout dans sa situation de vie.

- D'une main les griefs et autres émotions qui le font ralentir vis-à-vis de son père
- De l'autre main, la même chose pour la mère
- Suggestions du type : 'Tes bras deviendront de plus en plus lourds en fonction du cumul que tu as vis-à-vis de chacun d'eux'

La mère avait un poids supérieur à son père, à son grand désarroi. La réflexion étant : 'J'en ai voulu à la mauvaise personne'. Dans ces cas là, prenez le temps de bien recadrer votre partenaire, **pensez bien qu'il n'a pas à se flageller.**

De ce postulat, j'ai proposé de reprendre sur la mère les mains collées.

- Mains collées représentent la fusion entre lui et elle, les limites qu'il a ressenties
- Suggestion du type 'En gardant en tête ton objectif de mettre en place ta vie d'homme, tu vas prendre la décision de devenir cet homme là, en lâchant cette limite que ta mère représente pour toi'
- Après je nourris la suggestion que le lien, (il avait parlé de fil de marionnette) en lui proposant à mesure que ses mains s'écartent et que lui prend de la distance avec sa mère, il coupe les liens.

Vous pouvez **couper les liens avec n'importe qui,** l'important est de le faire pendant la séance lorsqu'il y a eu un lien émotionnel fort, un souvenir ou une prise de conscience qui implique vraiment la décision de mettre de côté cette personne et l'influence (pouvoir, amour, mort...) sur le partenaire.

Couper un lien est un outil symbolique qui est certainement parmi les plus puissants de l'hypnose et de la PTT. Il y a un réel impact dans la vie des partenaires. Vous pouvez vraiment construire un **processus de distanciation comme de rupture émotionnelle** avec la personne concernée.

Vous pouvez donc utiliser de plusieurs façons le lien :

- Dans le cas présenté, c'est un lien fort, parfois même excessif, c'est souvent le cas dans des relations amoureuses, dans des rapports familiaux.
- Faites donc commencer par les deux mains collées. Si à mesure des suggestions de séparation, de prendre de la distance, d'arrêter de vivre la relation, le partenaire ne bouge pas, posez des questions, sur les motivations et surtout sur **les histoires qui n'ont pas été exprimées.**
- Dans les liens plus ou moins positifs, allant de la relation distanciée à des agressions physiques ou morales

- Faites commencer par mettre les mains en face l'une de l'autre, et **faites prendre de la distance** jusqu'à un ajustement émotionnel
- Dans tous les cas, il faut que le partenaire puisse se projeter, se connecter dans l'émotion qu'entraîne la personne afin de retrouver une certaine neutralité.

Pensez que vous pouvez faire **une prise de distance** sur les événements et les personnes sans pour autant couper le lien. Je le précise parce que vous aurez en cabinet des personnes qui **ne sont pas prêtes à couper les liens.** Par contre, se laisser vivre et respirer avec une perception plus distante, ils en sont capables.

Pour le deuil (rupture de lien) il suffit de **faire couper symboliquement** entre les deux mains qui se séparent, le lien. Précisez bien d'y **mettre toute l'intention et l'envie possible.**

Avec ces différentes méthodes et celles que vous allez inventer, vous serez surpris de constater que de nombreux partenaires s'apaisent immédiatement.

Chapitre 10 : La PTT et la gestion de la douleur

Pour ce dernier chapitre, je souhaiterais vous mettre en avant la capacité de la PTT à atténuer les douleurs. J'ai pu le tester de nombreuses fois en cabinet et il est remarquable de constater que les résultats sont **rapidement perceptibles.**

Le plus intéressant étant de pouvoir ouvrir un outil qui sera **facilement assimilable** par le partenaire.

Dans un premier temps vous allez **jauger la douleur.** Pour ce faire c'est très simple. Vous faites tendre le bras en face de votre partenaire, paume vers le bas, et vous allez simplement demander au subconscient de montrer qu'elle est le niveau de douleur qu'il vit.

Prenez bien attention à cette information, parce que vous vérifierez souvent pendant la session le niveau de douleur.

Et même quand le partenaire vous dit que consciemment il n'a plus mal. J'ai constaté que souvent **les notions offertes** par la PTT sont différentes des informations données par le conscient.

Par exemple, j'ai eu un partenaire qui m'a dit très rapidement que sa douleur était partie. Comme je souhaitais savoir si la douleur avait vraiment fini d'offrir son information au partenaire.

A la demande, '*si la douleur en profondeur est encore présente, je souhaite savoir à quel niveau', le bras est remonté. Moins haut que la première fois mais toujours à plus de la moitié'.*

Mon partenaire ne s'en rendait pas consciemment compte, donc nous avons continué en prenant **comme référence, le corps** et non pas la conscience de la douleur.

Une fois que vous avez un niveau de douleur, vous allez pouvoir travailler de différentes façons. Soit vous travaillez sur **le principe de patch,** sans aller vers la cause de la douleur, pour atténuer rapidement le mal.

Soit vous allez vers une série de **questions plus profondes** pour découvrir ce qu'il en est sur les contextes avant la douleur, la systémie et autres.

Dans ce second cas, les différents outils que je vous ai proposés dans les chapitres précédents devront être **articulés les uns avec les autres** afin de faire une session en PTT. Vous pouvez également travailler en liant **une partie en PTT et le reste en conversationnel** ou en **hypnose directe**. Restez le plus souple possible dans votre démarche thérapeutique.

Pour la douleur vous allez pouvoir travailler sur un principe très simple :

- Faites **connecter votre partenaire** à sa douleur, vous pouvez lui demander sur une échelle de 1à10 à combien il se situe consciemment. Vous pourrez faire la comparaison avec le corps

- Faites lui imaginer sa **douleur dans sa main**. En fonction des VAKOG, faites travailler soit sur la lourdeur du bras, soit sur la taille de la douleur et sa forme, éventuellement sur le son.

- Je préfère proposer les trois facettes, en demandant dans un premier temps la forme de sa douleur, la couleur, la taille.

  Je travaille sur **les submodalités** puis celle du poids et je lui demande de transférer cette douleur dans sa main, dans cette forme avec tout le poids de la douleur depuis des semaines ou des années.

- Le bras va **souvent descendre** et faites bien prendre conscience d'observer où en est la douleur et si tout est bien transféré dans la main

- Une fois sans douleur, mais tout dans la main, faites la suggestion suivante : 'vous allez lâcher définitivement cette douleur, votre main va se tourner tout doucement, afin de vous permettre de prendre le temps de prendre conscience que vous retirer cette forme de vous et que vous la lâchez complètement'.

Vous allez pouvoir facilement travailler avec **la PTT et les submodalités.** Votre partenaire pourra vous donner de nombreuses d'informations et souvent faire un déplacement de la douleur.

Vous pourrez le traiter de la même façon que précédemment mais en posant de **nombreuses questions pour savoir si la forme a changé, ou sa couleur ou son poids.**

Vous pouvez vous-mêmes proposer de faire modifier cette forme cette sensation et mieux encore d'aller (si c'est accessible) demander à la main d'aller chercher et de retirer cette douleur.

Conclusion

Cette méthode est simple à mettre en place, vous pouvez faire **n'importe quel type de séance avec la PTT.** Il est important de **rester ouvert** à tout ce qui va se passer durant cette session.

Vous pouvez rebondir sur chaque réaction ou résistance en posant des questions, en ouvrant les possibles de votre partenaire. La force de la méthode est sa capacité à convaincre les partenaires qui vivent l'expérience.

Il n'y a plus de doute possible, le partenaire observe, réagit, vit sa séance. Il n'est plus entre les mains d'un spécialiste, mais entre ses propres mains, il est en connexion avec lui-même.

C'est un système qui ouvre une voie nouvelle pour les partenaires, qui peuvent à la fois se découvrir, avec des réponses qui ne leur plairont pas toujours, et de se responsabiliser. Vous allez éviter les attentes excessives de ces derniers.

De plus c'est un outil simple à pratiquer seul et à mon sens plus pratique qu'un ancrage qui peut s'estomper. Je souhaite vraiment que la PTT puisse vous aider dans votre démarche. Que vous puissiez voir que ces 'outils oubliés', parce que mis dans la case spectacle, peuvent trouver une place de choix dans la démarche thérapeutique.

Soyez créatif et prenez plaisir dans votre pratique.

Be One

Pank

Octobre 2014

Du même Auteur Chez HnO Edition

1/ *Initiation à l'Hypnose Classique Curative (Oct-2012)*
2/ *Méthode d'Auto* **Hypnose (Nov-2012)**
3/ *Hypnose et Régressions (Janv-2013)*
4/ *Initiation à l'Hypnose Urbaine (Dec-2012)*
5/*L'ésotérisme décrypté par l'Hypnose (Avr-2013)*
6/ *Hypnose avec les Enfants (Mai-2013)*
7/ *Mieux éduquer ses enfants grâce aux outils de l'Hypnose (Juin-2013)*
8/ *CrossTherapy (Oct-2013)*
9/ *Mes Premiers pas sur la loi d'attraction (2013)*
10/ *Hypnose H-Ultra Ou Hypnose Profonde (Nov-2013)*
11/ *Laboratoire Hypnose Volume 1 (Oct-2013)*
12/ *CT Energetics : Magnétisme et Transes (Janv-2014)*
13/ *Chercheur sur la Loi d'Attraction (Janv-2014)*
14/ *Hypnose et Hypnosophie (Avr-2014)*
15/ *Apprendre le système TPA (Mai-2014)*
16/ *Hypnose et Posture du Praticien (Juil-2014)*
17/ *Hypnose et la Pre-test Therapie (Oct-2014)*
18/ *Base de PNL Interpersonnelle (Nov-2014)*
19/ *Base de la PnL Coaching (Fev-2015)*
20/ *Périple d'un Praticien d'Hypnose contre le Cancer (Fev-2015)*
21/ *Manuel de Formation à l'Auto Amour (Avr-2015)*
22/ *Hypnose et Douleur (Juil-2015)*
23/ *Cette Hypnose Ascendante nommée Hyperempiria (Sept-2015)*
24/ *Hypnose Elmanienne (Nov-2015)*
25/ *Questiosophie (Fev-2016)*
26/ *Crépuscule de l'Hypnose (Avril-2016)*
27/ *Pouvoir Limité (Mai-2016)*
28/ *Hypnose Spirituelle (Août-2016)*
29/ *Hypnose Invisible (Oct-2016)*

30/ Hypnose et Anneau gastrique hypnotique (Janv-2017)

Qui est HnO Hypnose ?

HnO Hypnose est une association de pratiquants et de praticiens en Hypnose à tendance Elmanienne, Hypnosophie, Hypnose Fusion et Thérapies Durables.

Notre but est de rechercher, développer, pratiquer et diffuser sur ces sujets. Pour ce faire, nous utilisons plusieurs leviers : des formations, des cabinets ouverts, de l'Hypnose Urbaine, des livres, des audios, des live Facebook, des Podcasts...

Nous organisons des formations en Hypnose Classique Curative, Hypnosophie et Psycho-Pratique Intégrative ainsi que des ateliers en thérapie durable.

L'Hypnosophie est une discipline de synthèse et intégrative. L'hypnose est un vaste monde avec des écoles, des styles et des tendances. Plus qu'un style, nous souhaitons intégrer, sur les bases communes de l'hypnose, une ouverture globale.

Nous organisons des cabinets ouverts, dans le but de faire découvrir l'aspect curatif au plus grand nombre.

Toutes les semaines nous organisons des sorties Hypnose Urbaine ou des Hypno-papotages. Nous y invitons des praticiens mais aussi des amateurs. Le but étant de faire connaître, dans un autre contexte que le soin, ce qu'est l'Hypnose. Cette expérience humaine est extraordinaire. Nous pouvons dissiper les à priori et faire vivre des expériences agréables aux passants. Vous pouvez trouver plus d'informations sur ce que nous mettons en place sur : www.hno-hypnose.com

Nous avons mis en place un site de Mp3 d'Hypnose pour faire vivre des micros séances. Vous trouverez des informations sur : www.hno-mp3-hypnose.com

Si vous souhaitez nous rencontrer, échanger, partager, n'hésitez pas à nous contacter :

Mail : hype.ose@gmail.com

YouTube / Twitter / Facebook : Hype-N-Ose

Aller plus loin avec HnO Hypnose

Site Hypnose Fusion :

J'ai fait un site qui regroupe désormais l'ensemble des thèmes que j'aborde régulièrement.

- Hypnose et Magnétisme
- Hypnose et rupture amoureuse
- Hypnose et Enfants
- Hypnosophie
- Crosstherapy
- Hypnose et Sexualité
- Hypnose et Sommeil
- Hypnose Urbaine
- Coaching et SmartBrain Process
- Hypnose et Grossesse
- Hypnose et Manipulation
- Hypnose et Arrêt du Tabac
- Hypnose et Anneau Gastrique Virtuel (Système BAGH)

N'hésitez pas à l'utiliser le plus possible, je vais le faire évoluer et répondrai à vos questions.
https://hypnosefusion.com/

Programme d'hypnose disponible gratuitement :

Programme pour se donner de la Bienveillance (21 Jours)
https://hypnosefusion.com/hypnose-et-bienveillance/

Programme Mincir et Prendre soin de soi (21 Jours)
https://hypnosefusion.com/systeme-bagh-programme-mincir-et-prendre-soin-de-soi-5min-jour-sur-21-jours/

Programme Arrêter de Fumer Gratuitement (21 Jours)
https://hypnosefusion.com/hypnose-et-arret-du-tabac/

Programme Anneau Gastrique Hypnotique Gratuit (21 Jours)
https://hypnosefusion.com/hypnose-et-anneau-gastrique-virtuel-systeme-bagh/

Programme Loi d'Attraction (21 Jours)
https://transeattraction.wordpress.com/

Programme Sommeil (7 Jours)
https://hypnosefusion.com/hypnose-et-sommeil/

Programme Hypnogrossesse (21 Jours)
https://hypnosefusion.com/hypnose-et-grossesse/

Programme Smartbrain Process (120 Jours)
https://hypnosefusion.com/coaching-et-smartbrain-process/

Boite à Outils :
Je vous ai mis en ligne une petite boite à outils sur le site
: https://hno-hypnose.com/boites-a-outils-et-partages/

www.ingramcontent.com/pod-product-compliance
Lightning Source LLC
Chambersburg PA
CBHW070622290526
45790CB00002B/956